NOTICES BIOGRAPHIQUES.

NOTICES BIOGRAPHIQUES

sur

M. PIERRE MERMIER

FONDATEUR

ET PREMIER SUPÉRIEUR DES MISSIONNAIRES

DE SAINT-FRANÇOIS DE SALES D'ANNECY,

ET SUR

MONSEIGNEUR NEYRET

MISSIONNAIRE DE SAINT-FRANÇOIS DE SALES,

ÉVÊQUE D'OLÈNE,

VICAIRE APOSTOLIQUE DE VIZAGAPATAM.

———

ANNECY

IMPRIMERIE DE CHARLES BURDET.

—

1863

PRÉFACE.

Un premier article de la notice biographique du R. P. Mermier avait paru dans un des numéros du *Chroniqueur religieux,* lorsque ce journal fut tout-à-coup supprimé. Plusieurs membres du clergé nous ont témoigné le désir d'avoir la suite de notre petit travail. Nous avons pensé que l'époque de la retraite ecclésiastique était une époque favorable pour livrer au public ce que nous avions écrit sur notre bien-aimé Père et vénéré Fondateur. La mort lui ayant réuni le plus méritant de ses fils en notre Seigneur Jésus-Christ, Mgr Neyret, évêque d'Olène et vicaire apostolique de Vizagapatam, nous avons cédé au désir d'écrire aussi quelques mots sur ce digne Missionnaire de Saint-François de Sales. Ce que nous faisons paraître est en grande partie l'abrégé d'une relation plus étendue que nous a envoyée le R. P. Deborne.

Nous recommandons nos chers défunts et notre Congrégation aux prières de ceux qui daigneront nous lire.

P. **G.**

Mre de St-F.

NOTICE BIOGRAPHIQUE

SUR

M. PIERRE MERMIER

FONDATEUR ET PREMIER SUPÉRIEUR DES MISSIONNAIRES

DE SAINT-FRANÇOIS DE SALES D'ANNECY.

Le Révérend Père Pierre-Marie Mermier, fondateur et premier supérieur des Missionnaires de Saint-François de Sales, fondateur aussi des Filles de la Croix, dont la maison-mère est à Chavanod, naquit à Chaumont, canton de Frangy, le 28 août 1790.

Ses parents, soit par leur fortune, soit par leur position, comptaient parmi les notables de la localité. Son père, comme il arrive souvent, avait pris pour sa part principale le soin des affaires temporelles ; mais sa mère, *femme vraiment forte, semblable à celle dont le Saint-Esprit fait l'éloge, s'occupait des détails de l'intérieur, ouvrait sa main aux pauvres, répétait les leçons de la sagesse à ses enfants ; sa lampe ne s'éteignait point ; on la trouvait, sentinelle vigilante, toujours à son poste. Aussi le cœur de son mari se reposait-il sur elle.* (Prov. c. 31.)

Ses rares vertus et son caractère élevé lui avaient assuré une grande autorité sur lui. Il faut que cette femme ait été une mère de famille bien accomplie, puisque son fils, celui

dont nous nous occupons maintenant, disait à l'un de ses
confrères, il n'y a pas encore deux ans : « Je me repens de
« n'avoir rien écrit sur ma mère. Mon Dieu que je lui dois !
« Non, non, ce n'était pas une femme ordinaire. » Le jour
où il tenait ce langage était un de ces jours, comme la
bonne Providence lui en ménagea quelques-uns, depuis
qu'il eut été frappé d'apoplexie : ses idées avaient toute
leur lucidité. Sans doute le saint vieillard, profitant de la
trève que lui donnait la maladie, remontant le cours de ses
ans, comptant les grâces reçues, avait reconnu et admiré
comment celle qui avait été pour lui le canal de la vie na-
turelle, avait été aussi le canal des bénédictions que Dieu
avait répandues sur son âme.

C'est à sa mère que le jeune Pierre dut la faveur d'être
destiné aux études. Elle l'envoya d'abord à Sallanches, où
M. Ducret, confesseur de la foi, venait d'établir un collége
au sortir de la Révolution. Et lorsque Mélan, par les soins du
même, ouvrit ses portes à la jeunesse studieuse, Mme Mermier conspira presque contre son époux pour y envoyer ses
deux jeunes fils Pierre et Louis. Un jeune homme du voi-
sinage, aujourd'hui un des vétérans de notre respectable
clergé, fit partie du complot. Au jour donné, une voiture
préparée par les soins de la bonne dame emporta ses deux
fils accompagnés de celui auquel elle les avait confiés. Pour
être juste, nous devons dire que la résistance du père ne
fut pas formidable : il se laissa facilement vaincre, et donna
la main à ce que désirait son épouse.

Sallanches et Mélan furent donc les premiers témoins et
les premiers admirateurs de la tendre piété, de la vie re-
cueillie et pénitente de M. Mermier. Ceux de ses condisciples qui vivent encore sont unanimes à nous le représenter
comme ayant été un modèle de vertus. « Il n'y avait point
« en lui, ajoutent-ils, ces talents qui commandent l'admira-
« tion, et placent celui qui en est doué bien au-dessus de

« ses rivaux. Mais son esprit était droit, son jugement sûr.
« Il était d'ailleurs studieux, réfléchi, attentif aux leçons
« du maître ; c'était un bon élève qui faisait bien sa classe. »
Lorsque les vacances le ramenaient sous le toit paternel, il
édifiait la famille, la paroisse et les lieux circonvoisins. Un
habitant de Frangy écrivait dernièrement : « Je me rappelle
« l'avoir vu quelquefois pendant mon enfance, lorsqu'il ve-
« nait ici, pendant les vacances, rendre visite à la maison
« Bastian, dont il était parent. Quoiqu'il fût encore laïque,
« sa modestie, son recueillement à l'église nous frappaient
« vivement. » C'est ainsi que l'élève de Mélan se préparait
à entrer au grand-séminaire de Chambéry.

Ses supérieurs, dont la haute réputation est venue jusqu'à
nous, et que la tradition nous représente comme des maîtres
habiles et consommés dans la connaissance des hommes,
eurent bientôt reconnu en lui une âme d'élite, une âme sur
laquelle Dieu avait de grands desseins. Ils l'honorèrent de
leur confiance, et le chargèrent de la surveillance d'une des
salles d'étude. Il fut fervent parmi les fervents : M. le chanoine Bernex, si regretté de tous, son condisciple alors, le
surprit un jour épanchant son âme devant le sanctuaire ; l'impression que fit sur lui son maintien recueilli, sa tête respec-
tueusement inclinée, ses lèvres légèrement entr'ouvertes pour
envoyer au ciel l'expression des sentiments qui se pressaient
dans son cœur, ne s'était point affaiblie ; et quand il nous ra-
contait ce trait, nous avons facilement compris qu'il se complaisait dans le souvenir de l'édification qu'il en avait reçue.

Comme l'amour de Dieu n'est jamais sans l'amour du
prochain, notre pieux séminariste aimait sincèrement ses
condisciples. Un de ses compagnons de chambre se plaisait
à raconter que, dans une nuit d'hiver où le froid lui avait
arraché quelques plaintes, le charitable M. Mermier s'était
empressé d'ajouter ses propres couvertures à celles qui le
défendaient mal contre les rigueurs de la saison.

Entré dans la cléricature le 19 février 1842, il fut promu au sacerdoce le 21 mars 1843; il n'avait guère que 22 ans et demi.

Pour que le lecteur puisse mieux apprécier les saintes dispositions dans lesquelles il se trouvait alors, nous citerons quelques lignes du réglement qu'il s'était tracé.

« Article-pauvreté : 1º Autant qu'il dépendra de moi,
« j'aurai une chambre sans tapisserie, sans décoration. Elle
« sera toujours propre et bien blanche; 2º les croix ou cru-
« cifix que j'aurai seront sans dorure, mais de bois simple.
« Je chercherai cependant à m'en procurer dont la figure
« du Christ soit expressive ; 3º j'aurai un bénitier de terre...;
« j'observerai cette même règle de simplicité et de pauvreté
« à l'égard de quelques autres meubles nécessaires : chan-
« delier, écritoire, etc. ; je n'aurai jamais de matelas à mon
« lit, chez moi.

« Article - chasteté. Pendant mon vicariat, agir avec la
« servante de la cure, de manière à lui être aussi étranger
« au bout de deux ou trois ans, que le premier jour de mon
« arrivée. Je m'examinerai sur ce point dans ma revue d'une
« heure chaque semaine, et mon examen particulier rou-
« lera là-dessus une semaine, dans le cas où il y aurait
« quelque chose à réformer. »

J'interromps à regret ces citations; celles-là, d'ailleurs, suffisent.

Ses premiers essais dans le saint ministère se firent sous un maitre habile. M. le chanoine Déjacques, encore vivant, fut son premier et unique curé. Le jeune prêtre se montra tout d'abord un ouvrier infatigable; occupant sa journée à faire la classe à des enfants, il passait une grande partie de ses nuits à continuer ses études théologiques et à préparer ses instructions. M. le Curé, craignant que ce travail n'é-puisât les forces de son vicaire, lui fit des remontrances paternelles, puis il ajouta d'un ton enjoué que, d'ailleurs, il ne lui permettrait pas de brûler ainsi toutes ses chandelles.

M. Mermier resta trois ans à Magland : il s'y montra toujours un prêtre selon le cœur de Dieu ; son souvenir y est encore entouré de respect et d'amour. Après ces trois ans, Mélan le compta parmi ses professeurs. Non seulement il y fut chargé d'une classe, mais le soin de la discipline reposa principalement sur lui. Le jeune directeur sut allier la bonté à la fermeté ; on l'aimait, on le craignait. Vigilant, il avait à son service bien des industries pour arrêter les espiégleries et déjouer les intrigues des *meneurs*, race trop vivace pour s'éteindre jamais dans les colléges.

Pour les petits enfants, il avait des tendresses de mère. Il faisait quelquefois leurs lits, les aidait à se débarrasser des incommodes et trop nombreux *compagnons* de lit, qui, en été, attentent si cruellement au repos des écoliers ; il allait jusqu'à peigner les plus jeunes. C'est ce qu'aimait à nous redire l'honorable docteur qui le soigna dans sa dernière maladie : « Les soins que je donne à mon respectable ma-
« lade, disait-il, sont pour moi un acte de reconnaissance ;
« j'acquitte une partie de la dette que j'ai contractée envers
« lui, lorsque je commençais mes études, à Mélan. »

S'il aimait les enfants, ceux-ci le chérissaient ; ils se pressaient autour de lui, montaient sur ses épaules, tandis que d'autres s'attachaient aux pans de sa soutane. C'est un témoin oculaire qui nous a appris ces détails.

En ce temps, le vide qu'avait fait la Révolution dans les rangs du clergé n'était pas rempli. Les paroisses n'avaient pas toujours les prêtres suffisants. Aussi M. Mermier, professeur à Mélan, fut-il, pendant une année, vicaire supplémentaire à Samoëns. Il partait après sa classe, le samedi soir, pour s'y rendre, et revenait le dimanche après les offices de l'après-midi. Or, Samoëns est éloigné de Mélan au moins de dix kilomètres.

A cette occasion, le bruit se répandit qu'il devait quitter

le collége pour étre exclusivement vicaire. Cette fausse nouvelle alarma ses bons petits amis. Il en trouva plus de vingt réunis à la porte de sa chambre, pleurant, sanglotant et l'adjurant de ne pas les quitter ; il les consola facilement en leur assurant qu'il restait au milieu d'eux.

Son départ n'était que différé, il devait avoir lieu l'année suivante.

Sur la fin de 1849, l'archevêque de Chambéry enleva M. Mermier à Mélan, pour le nommer curé-archiprêtre du Châtelard, chef-lieu du mandement des Beauges. Le nouvel archiprêtre avait à peine vingt-huit ans accomplis.

Plusieurs lettres du R. P. Godinot, supérieur des Jésuites de Fribourg, à l'adresse de M. Mermier, à Mélan, nous apprennent que ce dernier avait le dessein d'entrer dans la Société de Jésus. L'archevêque de Chambéry s'opposa à l'exécution de ce pieux projet. Ce fut peut-être pour rompre plus efficacement les négociations commencées entre M. Mermier et les Révérends Pères, qu'il nomma celui-ci à la cure du Châtelard. Cette opinion est singulièrement fortifiée par une lettre que Sa Grandeur écrivit à M. Ducret, quelque temps avant que M. Mermier reçût sa nomination au Châtelard.

Quoiqu'il en soit, à peine arrivé dans sa paroisse, le jeune pasteur se mit à l'œuvre avec une ardeur telle qu'il s'attira des réprimandes, honorables sans doute, de la part de prêtres pieux et plus expérimentés que lui, entre autres de M. le chanoine Déjacques, avec qui il entretenait une correspondance suivie. Quelques papiers délaissés par le vénérable défunt nous révèlent une association dont il avait dès-lors crayonné les statuts, association destinée à réchauffer et à diriger le zèle des prêtres occupés au ministère pastoral, et à leur fournir des moyens plus efficaces de salut, en les rapprochant les uns des autres, à certaines époques de l'année ; il préludait ainsi à l'œuvre que Dieu lui a donné d'accomplir, en fondant une congrégation religieuse.

Désirant avec ardeur l'instruction de sa paroisse, il ne reculait devant aucun sacrifice. Il payait lui-même un maître d'école qu'il logeait au presbytère et qu'il nourrissait à sa table. Cependant, le hameau de Mont-Jule, distant de plus d'une heure du chef-lieu, n'ayant que des routes en mauvais état et peu sûres en hiver, n'envoyait point ses enfants aux écoles et ne les envoyait que très-irrégulièrement aux catéchismes. Pour obvier à ces inconvénients qui, à la longue, auraient introduit une ignorance crasse dans cette localité, le zélé pasteur forma le projet d'y bâtir une chapelle et de s'y rendre une ou deux fois la semaine pour porter l'instruction à ceux qui ne venaient point la chercher. Son départ trop prompt du Châtelard ne lui laissa pas le temps de réaliser son héroïque résolution.

Mais abrégeons, car ce n'est qu'une notice nécrologique et non une vie que nous écrivons.

Voici l'année 1821, grande époque dans la vie de M. Mermier. Les succès ne répondent pas à ses désirs, les paroissiens ne vont pas aussi vite que le pasteur ; celui-ci a beau se mettre en avant, bon nombre de brebis restent en arrière ; il appelle des auxiliaires, il réclame une mission, il l'obtient. Son ancien curé la dirige ; M. Favre, plus tard le grand Missionnaire de la Savoie, se constitue coopérateur de l'œuvre. Les saints exercices s'ouvrent le 18 novembre 1821. Pendant les huit premiers jours, le peuple se montre indifférent. Enfin l'heure de la grâce a sonné, l'ange agite les eaux de la piscine, tous veulent s'y jeter à la fois.

Les fruits répondirent si bien à l'idée que le curé du Châtelard s'était faite d'une mission, qu'il se hâta de résigner son bénéfice. M. Mermier et M. Favre avaient eu le temps de s'entendre sur le plan de la nouvelle vie qu'ils voulaient embrasser. La mission finie, l'un quitte sa cure, et l'autre la chaire de rhétorique qu'il occupait à Saint-Louis-du-Mont.

Ainsi l'on trouve, dès le mois de juillet 1822, M. Mermier faisant une retraite de trente jours au grand-séminaire de Chambéry. Les deux jeunes et ardents apôtres passent d'une paroisse à l'autre; leurs prédications opèrent des conversions nombreuses. Quelques sages les appellent *Boanerges,* c'est-à-dire Enfants du tonnerre (1). Ils ne s'en inquiètent pas et continuent de tonner.

Les sages n'avaient peut-être pas tous les torts. Mais qui ne sait qu'un flot, longtemps retenu, s'échappe avec impétuosité quand l'écluse est levée? *Initia fervent.* Le vol de M. Mermier était moins haut que celui de M. Favre; mais, si l'un était l'aigle, l'autre pouvait bien être le bœuf de la vision d'Ezéchiel; le sillon qu'il traçait était profond. Quelques-uns posent ce problème : est-ce M. Mermier qui a inauguré les missions, ou est-ce M. Favre qui a l'honneur de l'initiative? Une lettre de ce dernier au supérieur des Missionnaires d'Annecy, en date du 8 août 1834, donne la solution. Dans cette lettre, il nomme M. Mermier son père et son premier guide; il s'agit de missions dans cette lettre. .

Nous touchons à l'année 1823. M. de Thiollaz, prévôt de la métropole de Chambéry, avait été nommé évêque d'Annecy. Compatriote de M. Mermier, et juste appréciateur du vrai mérite, Sa Grandeur s'empressa de l'appeler dans son diocèse et le nomma directeur de son grand-séminaire. Des papiers trouvés dans la chambre du vénérable défunt attestent comment il avait pris au sérieux cette charge si honorable, si importante et si difficile. D'ailleurs, ceux qui fréquentèrent, à cette époque, le séminaire qu'il dirigeait, sont unanimes à dire avec quel succès il s'acquitta de son noble emploi.

(1) Saint Marc, III, 17.

Cependant l'œuvre des Missions gardait un attrait invincible pour lui ; il sollicita et obtint la permission de s'y livrer tout entier.

Pendant l'année 1825, il évangélisa le bon peuple d'Annecy dans l'église de Saint-Dominique, dont M. Bouvet, de précieuse mémoire, était alors curé. C'était de grand matin et dans les commencements de la nuit qu'avaient lieu les saints exercices. Frappé de l'ignorance où vivent, hélas ! tant de personnes, il ne donnait que des catéchismes et des entretiens familiers sur les premières vérités de la religion ; il paraphrasait l'Oraison Dominicale, et expliquait les dispositions que l'on doit apporter à la réception des sacrements. Ce genre d'instruction allait très-bien à l'auditoire dont sa chaire était entourée. Aussi son nom était-il devenu populaire dans la ville ; le peuple l'aimait et le vénérait, il était frappé de sa vie simple et austère.

La même année, notre missionnaire se porta sur divers points du diocèse. Dans la paroisse de N...., un homme lui confia la somme de cent francs, avec prière de la faire passer à une tierce personne : c'était une restitution. « Bien « volontiers, » répond M. Mermier ; en même temps, prenant un groupe de vingt écus, il les lui remet : « Ceci est à « vous, lui dit-il, vous voyez, mon cher, que vous ne perdez « rien à faire votre devoir. » C'était aussi une restitution...

L'année 1826 ramenait parmi nous les solennités des grands jubilés, que la Révolution française avait interrompues. Le missionnaire reprit possession de la chaire de Saint-Dominique, qu'il n'occupa cependant pas seul pendant ce temps privilégié. La véhémence de ses prédications excita quelques murmures ; on alla jusqu'à faire entendre des menaces. Pendant quelques jours, le saint prêtre dut, par prudence, se laisser accompagner par des hommes dévoués lorsque, de nuit, il remontait au grand-séminaire.

Après Annecy, Sallanches reçut le zélé missionnaire : le

jubilé y fut une époque de renouvellement. Nulle part, peut-être, M. Mermier n'obtint de plus brillants succès. Dieu était avec lui, l'entraînement fut général.

Dans une notice aussi courte que celle-ci doit être, impossible de redire les détails d'une vie aussi active, aussi pleine que celle de M. Mermier. Aidé de quelques ecclésiastiques que l'Evêque lui permettait d'emprunter, tantôt à une paroisse, tantôt à une autre, il passait, sans trève ni repos, dans différentes localités, prenant toujours pour lui la plus grosse part du travail et de la fatigue.

Néanmoins, depuis 1826, un pieux confrère s'était constitué son émule et son compagnon : c'était M. l'abbé Allard. Il venait de quitter l'économie du petit-séminaire de Sainte-Marie de La Roche. Ame ardente, cœur dévoué, depuis longtemps il soupirait après le moment où il lui serait donné d'embrasser la vie apostolique. La paroisse de Villaz près d'Annecy eut les prémices du nouveau missionnaire. M. Rochet neveu en était le curé. L'exemple et les sollicitations de MM. Mermier et Allard le déterminèrent à s'unir à eux ; mais sa délicate santé ne lui permit pas de soutenir longtemps d'aussi rudes travaux que ceux des missions, il dut se retirer. D'autres ouvriers remplirent le vide que faisait sa retraite : c'étaient M. Revillod, aujourd'hui religieux de saint François-d'Assise, et M. Martin, mort à Yanaon en 1846, dans le provicariat de Vizagapatam, aux Indes orientales.

Avant d'arriver à l'époque de la mort de Mgr de Thiollaz, mentionnons un trait qui honoré à la fois l'attention paternelle du prélat et le zèle héroïque, mais imprudent, du missionnaire ; M. Mermier, quoique d'une constitution très-forte, avait enfin succombé à la fatigue. Une fièvre ardente l'avait obligé à suspendre ses courses évangéliques. Comme il entrait en convalescence, une mission s'ouvrait à Saint-Paul en Chablais. Il devait la diriger. Son Evêque lui représente qu'il doit s'abstenir et le condamne à un repos plus prolongé. Malgré l'observation et les désirs de l'Evêque, le missionnaire part pour Saint-Paul. Aussitôt une suspense lancée contre lui l'atteint au milieu de sa route; force lui fut de rentrer au grand-séminaire. Il ne lui aurait pas convenu d'être simple spectateur des travaux de ses confrères.

Dans les commencements de 1832, Mgr de Thiollaz passait à une meilleure vie. La même année, Mgr Rey, transféré du siége de Pignerol à celui d'Annecy, en prenait possession le 2 du mois d'octobre. MM. Mermier et Allard s'empressèrent de faire connaître leur plan au nouvel Evêque, et sollicitèrent vivement la faveur de se constituer en Congrégation régulière. On comprend facilement que Mgr Rey devait différer. Quoiqu'il connût depuis longtemps les deux missionnaires, quoiqu'il appréciât au plus haut degré leurs vertus et leur dévouement, et qu'il reconnût le grand bien qu'ils avaient opéré dans le diocèse d'Annecy, ce que d'ailleurs la voix publique lui eût bientôt appris, s'il eût pu l'ignorer, il devait à la sagesse de son administration de prendre du temps pour examiner ce qui avait été fait, et ce qu'il y avait à faire.

M. Mermier le comprit et attendit. M. Allard, fatigué du délai, demanda la permission de se retirer du diocèse, où il devait revenir l'année suivante pour mourir aumônier du premier Monastère de la Visitation. Son départ fut une rude épreuve pour M. Mermier : il perdait son bras droit.

Déjà le P. Revillot s'était retiré; M. Martin, un moment ébranlé, parlait de s'éloigner, ainsi que M. Ducroz, mort dernièrement curé d'Amancy; il ne restait auprès de lui qu'un jeune prêtre associé, depuis quelques mois seulement, à l'œuvre des Missions. Sans laisser paraître la moindre émotion, M. Mermier l'aborde en lui disant : « Mon ami, vous êtes libre, voyez le parti que vous avez à prendre; si vous me quittez, après dix ans d'essai je resterai seul. Mais ma résolution est inébranlable, mes désirs sont les mêmes. Je veux les missions. — « Je les veux aussi, répondit son confrère.» La tentation de M. Martin se dissipa aussi rapidement qu'elle était venue, il resta au poste. Tout ceci se passait au commencement d'octobre ; sur la fin du même mois, deux nouveaux collaborateurs se présentèrent : c'étaient M. Cheminal, de précieuse mémoire, et M. Petitjean ; Mgr Rey leur permit volontiers de quitter les paroisses où ils étaient vicaires : lui aussi voulait les missions.

L'hiver se passa à évangéliser différentes paroisses. Au printemps, M. Mermier fut appelé à Sallanches pour une mission. En 1826, Sallanches avait été comme le Thabor du missionnaire ; en 1833, il fut pour lui le jardin des Olives. Qui fut coupable des humiliations qu'y subit cet homme de Dieu ? Ne le cherchons pas, il n'y en eut point ; mais le Seigneur a ses moments pour exalter et humilier ses serviteurs. Craignant néanmoins que l'état d'abjection dans lequel il se trouvait ne décourageât ses jeunes collaborateurs, il s'ouvrit à l'un d'eux et lui fit cette confidence : « Quoique « vous-me voyiez si misérable, quoique MM. Favre et « Allard aient beaucoup plus de talents et de vertus que « moi, il m'a été dit qu'ils ne réussiront pas à former un « corps de missionnaires : cette œuvre m'est réservée. » Qui le lui avait dit ? Il ne s'en expliqua pas. L'événement a prouvé la vérité de la prédiction.

Jusques alors, pendant les temps de repos, les missionnaires étaient reçus au grand-séminaire. L'hospitalité qu'ils y recevaient était on ne peut plus cordiale et gracieuse ; la plus parfaite harmonie régnait entre M. le Supérieur, MM. les professeurs de l'établissement et les missionnaires. Cet état de choses présentait cependant des inconvénients. M. Mermier cherchait un asile où il pût se retirer avec ses collaborateurs, et les former à la pratique de la règle qu'il voulait leur proposer. Avant la mission de Sallanches, de l'agrément de l'Evêque, des arrangements avaient été pris avec M. Ducret, supérieur et propriétaire du collége de Mélan. Celui-ci mettait à la disposition des missionnaires une partie de ses vastes édifices; plus tard il devait leur céder l'administration de son pensionnat. Déjà les meubles, les livres, les hardes des missionnaires avaient été transportés à Mélan. De Sallanches M. Mermier, allant aux Gets pour une nouvelle mission, avait passé à Mélan. M. Ducret n'avait point changé de détermination. La mission des Gets finie, quel ne fut pas le désappointement des missionnaires, en entendant M. Ducret leur dire qu'il avait un autre plan, qu'il attendait les Révérends Pères Jésuites pour leur remettre sa maison? Une âme moins fortement trempée que celle de M. Mermier se serait découragée, se serait laissé aller au murmure; lui s'inclina devant le bon plaisir de Dieu et dit de bon cœur : « Il faut que ceux-ci « grandissent et moi je dois m'effacer. » Il se met à la recherche d'une nouvelle habitation. Une maison tout près du presbytère de La Roche lui est louée; M. Gindre, le digne curé de la ville, l'aide à s'y établir de la manière la moins incommode possible. Les missionnaires étaient un peu à l'étroit; mais ils y étaient heureux et s'accoutumaient à la vie commune et régulière.

Au mois d'août 1834, une œuvre toute de charité appelait notre missionnaire à Turin; il allait présenter un recours en grâce pour une personne qui le touchait de près... La grâce obtenue, en repassant le Mont-Cenis il tombe, sa chute détermine une luxation à la jambe droite ; on le transporte à Lanslebourg, puis à Modane. Son Eminence l'archevêque de Chambéry, alors évêque de Saint-Jean de Maurienne, apprend l'accident, envoie une voiture à Modane et reçoit le blessé dans son palais, où il lui prodigue tous les soins que réclamait son état... Cependant M. Allard, son ancien et intime ami, se mourait à Annecy. Que d'épreuves! et combien rapidement elles se succédaient les unes aux autres ! Rien ne fut capable dé ralentir le zèle de M. Mermier. L'automne suivant, quand les travaux des missions recommencèrent, on le vit, soutenu par des béquilles, porter la parole de Dieu à différentes paroisses. A Megève, descendant un jour de chaire, il fit un faux pas qui lui causa de vives douleurs et retarda pour longtemps sa complète guérison.

Le besoin d'avoir une maison plus grande devenait de jour en jour plus impérieux; pour la trouver, il n'épargna ni fatigue, ni marche, ni contre-marche.

Enfin, le moment des consolations était venu. Le 2 janvier de l'année 1836, l'administration des missions pastorales du diocèse achetait de celle des hospices de la ville d'Annecy un magnifique local nommé La Feuillette, attenant au grand-séminaire. Précieuse étrenne que la bonne Providence et la sollicitude du premier pasteur offraient à M. Mermier et à ses confrères. Soumis dans l'épreuve, il fut reconnaissant au jour des faveurs; nous n'essaierons pas de dire la joie dont il fut inondé. Le 6 avril suivant, Mgr Rey bénissait avec solennité la première pierre de la chapelle et de la maison des missionnaires, dont M. l'abbé Martin fut le seul architecte. Les travaux furent poussés avec tant d'activité, que le 8 août de l'année suivante l'Illustrissime et Révérendissime évêque d'Annecy, à la tête de son clergé réuni pour la retraite ecclésiastique, bénissait la chapelle et la maison qui depuis la fin du même mois devint et reste la demeure chérie des missionnaires de Saint-François de Sales. C'est avec regret qu'on s'abstient de citer les paroles éloquentes que prononça Mgr Rey dans ces différentes circonstances. Les missionnaires étaient alors au nombre de six : MM. Mermier, Martin, Gaiddon, Cheminal, Petitjean et Lavorel. M. Ducroz était devenu curé des Ollières. Le 24 septembre 1838, ils firent tous le premier vœu que prescrivent leurs constitutions. Après avoir émis le sien, le supérieur adressa à ses confrères des paroles qui exprimaient le saint enthousiasme dont il était transporté. Il avait pris pour texte ce verset du Ps. 26 : *Unam petii a Domino,* etc. « J'ai désiré une chose ; oui, je l'ai demandée au « Seigneur, c'est de pouvoir vivre avec des frères. Ah! qu'il « est doux d'habiter ensemble..... J'embrasse d'avance tous « ceux qui viendront dans la suite, pour faire le vœu que « je viens d'émettre et que vous allez faire bientôt. Je me « sens pressé de faire les seconds qui me lieront irrévoca- « blement à l'œuvre des missions. . . . . Oh! mes véné- « rables confrères, je le sais, j'aurai beaucoup à souffrir..... « Ma couronne d'épines, ce sont les missionnaires ; et « comment donc? ce sont des fleurs ; mais je suis un mau- « vais jardinier, je ne saurai pas les prendre, et dans mes « mains, elles se changeront en épines pour moi..... »

Le même jour, un des missionnaires fut députe pour annoncer la nouvelle de l'heureux événement à Mgr Rey, qui se trouvait en visite à la Rivière-Enverse. Cinq jours plus tard, jour de saint Michel, Sa Majesté le roi Charles-Albert signait les lettres-patentes par lesquelles il approuvait la congrégation naissante, et lui donnait l'existence légale. Le 24 octobre suivant, Mgr Rey, sous les auspices de l'archange Raphaël, portait un décret par lequel il constituait l'association des missionnaires en congrégation et confirmait le nom de Missionnaires de Saint-François de Sales, nom que les fidèles du diocèse étaient accoutumés à leur donner. Le même jour, mais deux ans après, le supérieur de la Congrégation, avec quatre de ses confrères, prononçaient les trois vœux perpétuels de pauvreté, de chasteté et d'obéissance.

Quel jour et quelle fête pour M. Mermier! Qui pourrait dire les douces émotions de son âme! Vingt années d'attente avaient excité en lui une sainte impatience ; enfin ses désirs étaient exaucés.

Pour témoigner son bonheur et sa reconnaissance envers Mgr Rey, et pour consacrer le souvenir de cette journée à jamais mémorable pour elle, la Congrégation voua à perpétuité une messe d'actions de grâces pour le jour de saint Raphaël.

Les grandes joies, les grandes prospérités touchent souvent à de grandes épreuves. Le chemin par lequel la Providence avait mené M. Mermier, avait été ordinairement assez rude : s'il s'était aplani quelque temps sous ses pieds, si même quelques fleurs s'y étaient épanouies, il devait subitement redevenir aride et difficile, les épines devaient bientôt y reparaître. Un mois s'était à peine écoulé, que des dénonciations arrivèrent à l'évêque. Le missionnaire lui était représenté comme un homme outré et presque fanatique. L'effet produit sur Mgr Rey était d'autant plus regrettable, que les dénonciations venaient d'un personnage à l'approbation duquel il attachait une grande importance. L'attaque fut vive et passionnée; aussi M. Mermier, qui, dans de semblables circonstances, ne s'était point mis en peine de se justifier, crut devoir adresser à son Evêque une lettre tout à la fois explicative et apologétique. Il jugea, avec raison, que les intérêts de sa Congrégation nouvellement établie ne lui permettaient pas de se taire. Du reste, à la clôture des saints exercices, il adressa du haut de la chaire des paroles très-flatteuses au personnage qui l'avait incriminé : ce fut la seule vengeance qu'il se permit d'exercer. Nous devons dire que, sous bien des rapports, l'éloge qu'il en fit était bien mérité.

Depuis quelques années, l'œuvre des Missions n'occupait pas exclusivement l'esprit de M. Mermier. C'était bien toujours pour lui l'affaire principale, et nous dirions volontiers la seule nécessaire; une autre néanmoins le préoccupait sérieusement. Déjà le lecteur a nommé l'Institut des Filles de la Croix, association précieuse, qui fournit aux jeunes personnes, même à celles qui sont le plus déshéritées de la fortune, le bonheur de vivre loin du monde et de ses dangers; œuvre spéciale que nous croyons sans antécédent. Dans cette association on distingue deux catégories : celle des sœurs qui vivent chez leurs parents ou chez des maîtres, et celle des sœurs qui vivent en communauté. Cette dernière catégorie se subdivise ; il y a des sœurs institutrices et des sœurs ouvrières. Chacune de ces sections reçut du fondateur des règles très-sages et très-propres au but qu'elle se propose. Voilà douze à quatorze ans que ce mécanisme ingénieux fonctionne, sans secousse ni brisement. Dans cette humble congrégation, on ne fait point les trois vœux de religion, on ne connaît que le vœu de stabilité. Celles qui le font s'engagent à rester perpétuellement dans la Société. M. Mermier trouva pour cette œuvre un coopérateur généreux et dévoué dans la personne de M. Delalex, curé de Chavanod, qui jeta, en 1841, les fondations de la première maison de l'institut.

Le 4 novembre suivant, Mgr Rey donna des lettres par lesquelles il approuvait et érigeait cette association en congrégation religieuse. Ce fut un des derniers actes de ce prélat, de si glorieuse et de si sainte mémoire. L'année précédente, il avait confié à la garde des Missionnaires deux vénérables sanctuaires : celui de Notre-Dame de la Gorge et celui des Allinges. Ce grand évêque mourut le 31 janvier 1842. Le choix qu'il fit de la chapelle des Missionnaires pour le lieu de sa sépulture, est un témoignage éclatant de l'estime et de la confiance que M. Mermier avait su lui inspirer.

Sur la fin de 1842, M. Mermier exécutait un projet qu'il nourrissait depuis longtemps dans son esprit. Il avait l'approbation de l'Ordinaire pour son œuvre, il pensa que l'approbation du Père commun des fidèles serait non-seulement pour lui et ses confrères, mais encore pour les fidèles qu'ils évangéliseraient, une source abondante de nouvelles bénédictions. Il partit le 20 septembre pour Chambéry. Mgr Rendu, évêque nommé d'Annecy, l'accueillit avec bonté, approuva hautement son départ pour Rome, et lui remit des lettres de recommandation. Le voyage fut heureux et prompt pour ce temps-là. Il était à Rome le 30 septembre au matin. Le lendemain, il célébrait la sainte messe à Saint-Pierre, après laquelle il récita la litanie des Saints, remerciant son glorieux patron de lui avoir inspiré de faire cette prière, où, dit-il, « je trouvai tout ce que j'avais à « demander et à obtenir pour notre sainte mère l'Eglise. » Le 2 octobre, il eut l'honneur d'être présenté à Son Eminence le cardinal Fransoni. Ce fut ce même jour qu'il vit Mgr Baronne, évêque des Deux-Guinées, qui lui proposa de se charger d'une mission dans cette partie de l'Afrique. M. Mermier donna la main à ce projet, qui pourtant ne s'exécuta point. Le 14, il eut l'insigne bonheur de célébrer le Saint-Sacrifice à la Confession de Saint-Pierre. « J'aurais « voulu, a-t-il écrit, me prosterner mille fois sur le pavé, « mais j'ai dû m'en tenir aux rites prescrits pour la célé- « bration de la sainte messe, et je puis dire que dans cette « occasion, j'ai ressenti une consolation particulière à me « tenir recueilli et attentif à l'Ordinaire de la messe. Au « *Memento*, j'aurais voulu nommer tous mes confrères et « toutes les personnes qui me sont chères, mais la crainte « d'être trop long m'en empêcha. » Le 16, il fut présenté au cardinal préfet de la Sacrée Congrégation des évêques et réguliers. Son Eminence, désirant que la congrégation des Missionnaires de Saint-François de Sales fût commune à tous les diocèses de la Savoie, M. Mermier se mit en devoir d'écrire à Nosseigneurs les Evêques du duché. Le 2 décembre, il obtint une nouvelle audience du cardinal préfet, et lui remit les lettres qu'il avait reçues des Evêques. Le comte de Broglioz, ambassadeur de Sa Majesté sarde auprès de la cour de Rome, lui prêta l'aide de sa protection et de ses conseils avec un dévouement et une bienveillance qui ne se démentirent jamais. Les négociations furent longues. Un jour, tout semblait contrarier ses désirs ; le lendemain, il voyait ses espérances sur le point de se réaliser. Enfin le 2 juin 1843, le cardinal Ferretti, qui faisait l'office de rapporteur en l'absence du cardinal Castracane, ayant donné des conclusions favorables, la Sacrée Congrégation des évêques et des réguliers décerna ce que l'on appelle, à Rome, la *Grande Laude*, 1° à la Société des Révérends Pères de Saint-François de Sales; 2° au but que cette société se propose. Et le Souverain Pontife, Grégoire XVI, confirma le jugement de la Sacrée Congrégation.

Pendant les neuf mois que M. Mermier resta dans la ville éternelle, il fut reçu deux fois en audience par le Souverain Pontife : il en reçut plusieurs brefs. De plus, Sa Sainteté lui donna une relique insigne, le corps d'un jeune martyr, découvert dernièrement dans les catacombes.

Les notes qu'il a laissées sur son voyage et sur son séjour à Rome sont des plus intéressantes. Il a jugé les hommes et les choses avec un rare discernement. Quand on lit l'ouvrage de Mgr Gaume, intitulé *Les trois Rome*, on serait tenté de croire que M. Mermier en avait eu connaissance. Il n'en était cependant rien.

Le vénérable Missionnaire ne quitta Rome que le 24 juin. Il se dirigea vers Lorette, où il arriva le 27. « Que n'ai-je « eu plus de temps et de piété, écrivait-il, pour méditer « à mon aise l'amour ineffable de Jésus et de sa très-sainte « Mère ! Ce fut pour moi une douce consolation de penser « que saint François de Sales avait visité ce même sanc- « tuaire. Au saint autel, je me suis recommandé à ce puis- « sant protecteur et à cet admirable modèle, pour qu'il « daignât me permettre d'offrir à Notre-Dame de Lorette « les sentiments de piété et de ferveur avec lesquels il

« l'avait autrefois visitée. » Enfin, le 27 juillet, il rentra à Annecy, au sein de sa chère famille de La Feuillette, que son arrivée et les bonnes nouvelles qu'il apportait réjouirent grandement.

Le projet d'envoyer quelques-uns de ses missionnaires en Guinée ne se réalisa point, mais, sur la demande de la Sacrée Congrégation de la Propagation de la foi, il fut assez heureux pour voir partir, au printemps de 1845, quatre de ses confrères : les RR. PP. Martin, Lavorel, Tissot et Thevenet ; ils allaient aux Indes orientales. Rome confiait à la Congrégation des Missionnaires de Saint-François de Sales un nouveau provicariat, celui de Vizagapatam. Hélas ! l'année suivante, le 5 mai, le P. Martin mourait à Yanaon. Nous n'essaierons pas de peindre la douleur que ressentit M. Mermier à la nouvelle de ce trépas. Sur la fin de 1846 les PP. Neyret et Dupont traversaient l'Océan. Dans sa sagesse, la Sacrée Congrégation de la Propagation de la foi avait préposé aux quatre premiers missionnaires partis pour Vizagapatam un provicaire pris en dehors de leur Congrégation : c'était M. Gaillot, du séminaire des Missions-Etrangères ; le P. Neyret le remplaça, et, deux ans plus tard, Pie IX, glorieusement régnant, l'éleva à la dignité épiscopale, avec le titre d'évêque d'Olène *in partibus*. Dès-lors, de deux ans en deux ans, assez régulièrement, des missionnaires sont partis de La Feuillette pour Vizagapatam. Les sœurs de Saint-Joseph d'Annecy y sont devenues leurs auxiliaires, et quoique les annales des Missions parlent bien rarement du provicariat de Vizagapatam, nous savons de source certaine que la Mission y est prospère et que les fils du P. Mermier y étendent le règne de Jésus-Christ. Sans doute, il les y faudrait plus nombreux : que Dieu les multiplie, c'est notre vœu et notre espérance !

Les événements de 1848 et des années suivantes affligèrent profondément M. Mermier, plus qu'ils ne l'étonnèrent. Son expérience et son esprit réfléchi lui faisaient entrevoir depuis longtemps les abîmes qui se creusaient. Il ne se dissimulait point les maux qui menaçaient la société. Voyant le gouvernement sarde oublier son glorieux passé et ses antiques traditions, il craignait pour sa Congrégation les persécutions et les spoliations dont tant d'autres institutions devenaient victimes. Pour prévenir une ruine, il s'adressa à Mgr Chalandon afin d'obtenir un pied-à-terre sur son diocèse. Le révérendissime évêque de Belley se montra favorable à sa demande. La paroisse de Pougny se trouvait sans pasteur, elle fut présentée à M. Mermier qui l'accepta. Mais avant de la confier au P. Briffod, s'établissant lui-même son précurseur, il voulut juger le poste et sonder les dispositions du peuple de Pougny et des environs. Son premier soin fut d'y établir, dans le presbytère même, une école pour les petites filles. L'institutrice fut une des Filles de la Croix. Enfin le jour de saint Jean-Baptiste 1855, le P. Briffod, missionnaire, fut installé curé de Pougny. Aidé de quelques-uns de ses confrères, le printemps suivant, M. Mermier donna plusieurs missions dans le pays de Gex. Il n'eut que des succès bien ordinaires. M. Briffod étant mort le 15 juin 1857, il n'hésita pas à devenir lui-même son successeur.

Le lecteur ne comprendra pas facilement comment le supérieur d'un corps de Missionnaires se séparait ainsi de sa Congrégation et l'exposait à voir, en l'absence de son chef, la discipline religieuse se relâcher au milieu d'elle....

Je réponds, 1° que le P. Mermier était convenu avec le révérendissime évêque de Belley qu'il ne serait point tenu à la résidence et qu'il pourrait se faire remplacer par l'un de ses Missionnaires ; 2° depuis quelques années, son humilité le pressait de se démettre de sa charge de Supérieur. Il regarda donc son séjour à Pougny comme un acheminement à la réalisation de ses desseins. Il accoutumait par

là ses confrères à voler de leurs propres ailes et à s'administrer eux-mêmes. Il semble, comme on le racontera
bientôt, que la divine Providence se complaisait à entrer
dans les plans de l'humble et respectable Supérieur. Cette
même année 1857, Mgr Rendu confia le petit-séminaire de
Mélan à la Congrégation des Missionnaires de Saint-François de Sales. A cette occasion, M. Mermier ne put s'empêcher d'admirer les voies de la Providence. Il avait dû
sortir de Mélan dans le moment où il tenait le plus à y
rester, et voilà qu'on l'y rappelait dans des circonstances
telles que la prudence lui fit un devoir de représenter à son
Evêque que ce serait pour lui une témérité d'accepter cet
établissement.

Pour comprendre l'opposition faite à l'Evêque, il suffit
d'apprendre au lecteur que déjà, l'année précédente, M. le
chanoine Lamouille, du consentement de l'Ordinaire, avait
appelé M. Mermier à partager avec lui la direction de l'en-
seignement du pensionnat et du collége de la ville d'Evian.
Le Supérieur des missionnaires craignait que tant d'œuvres
commencées à la fois ne se nuisissent et que le personnel
de la Congrégation ne fût point assez nombreux pour les
faire prospérer en même temps. Ses représentations furent
écoutées, et pour y faire droit, sans abandonner son projet,
le Prélat promit à M. Mermier le concours de quelques
membres de son clergé. C'est ainsi qu'à Mélan, comme à
Evian, les classes sont dirigées partie par des prêtres du
clergé diocésain, partie par des Missionnaires. Ce qui fut
heureusement inauguré sous Mgr Rendu se continue sous
les auspices de Mgr Magnin, à la satisfaction de tous...

Après avoir tout réglé, après avoir donné aux missionnaires destinés à Mélan les avis les plus sages et les plus
capables d'assurer le succès de la bonne œuvre, M. Mermier
retourna à son petit troupeau de Pougny. Tout entier aux
fonctions du ministère pastoral, sans perdre de vue les in-

térêts généraux de sa Congrégation, il dut quitter sa paroisse une dizaine de jours, au printemps 1858, pour aller à Morzine s'acquitter d'une mission que lui avait donnée Mgr l'Evêque d'Annecy. Il revint bientôt à son poste.

Quelques jours après, il dut faire un voyage à Annecy, au milieu des grandes chaleurs; à son retour, il fut frappé d'un coup d'apoplexie, le jour du Sacré-Cœur; c'était le 11 juin 1858. A la première nouvelle, ses confrères consternés demandèrent des prières aux différentes Communautés religieuses. Quelques-uns d'entre eux, ainsi que quelques Filles de la Croix, se hâtèrent de se rendre à Pougny pour assister leur Père commun.

Qui dira leurs angoisses pendant les quatre semaines d'agonie que traversa leur vénérable Supérieur? On ne peut, en effet, donner un autre nom à l'état d'impuissance, de souffrances aiguës et de misères de tout genre auxquelles il fut réduit Les médecins ne conservaient pas d'espoir. Le plus habile d'entre eux disait, une demi-heure après l'avoir « vu : Je recevrais maintenant la nouvelle de la mort de M. le « curé de Pougny, que je n'en serais nullement surpris. » Ceux qui l'assistaient ou le visitaient étaient tour à tour émus de pitié ou ravis d'admiration; car si le mal était grand, la résignation et le courage du patient étaient plus grands encore, et lorsqu'à de courts intervalles l'intelligence et la langue de M. Mermier parvenaient à se débarrasser des étreintes de la maladie, les sentiments qu'il exprimait révélaient une âme amoureusement soumise au bon plaisir de Dieu.

Un vœu fut fait à Notre-Dame de la Salette; pour autant les secours de l'art ne discontinuèrent pas à être prodigués avec une intelligence et un dévouement qui ne laissaient rien à désirer.

Enfin, vers la mi-juillet, un mieux sensible se déclara. Les progrès de la convalescence furent assez rapides pour que, le 29, le malade pût supporter les fatigues du voyage de Pougny à Annecy.

La joie fut grande à La Feuillette quand il y rentra. Combien néanmoins il était différent de lui-même ! Sa vue était aux trois quarts perdue ; il ne pouvait lire qu'avec une extrême difficulté, il sentait sa tête affaiblie, incapable de prolonger un raisonnement. Quoique l'intelligence lui restât, elle était comme liée ; elle était pour lui comme un instrument dont les ressorts ne peuvent plus être mis en mouvement par une main devenue trop débile. Que Dieu est admirable à l'égard des siens ! Il laissa à son serviteur assez de présence d'esprit pour qu'il pût à chaque instant pratiquer l'abnégation la plus héroïque. Il acquiesçait cent fois le jour, avec une pleine connaissance et une volonté parfaitement libre, à l'état d'anéantissement dans lequel Dieu se plaisait à le tenir. Il adorait les desseins de la Providence sur lui. Il ne perdait rien de ses mérites. Souvent on l'entendait dire : « Que j'avais besoin de cette leçon ! que Dieu « est bon, qu'il sait bien ce qu'il me faut ! J'étais un orgueil- « leux, il m'humilie ; j'étais toujours en mouvement, tou- « jours en dehors de moi-même, toujours dans l'action, il « me force au repos, il me lie dans l'inaction, il me replie « sur moi-même. *Sit nomen D. B.* » Quelquefois il terminait en disant : « *Et expecto... vitam œternam.* » Plus d'une fois il voulut abdiquer sa charge et renoncer au titre de Supérieur. Jamais la Congrégation n'y consentit. Elle avait pour lui trop d'amour et trop de vénération. D'ailleurs ses conseils étaient toujours d'une grande utilité, et son humilité ne lui eût pas permis de les donner, s'il fût rentré dans la condition d'un simple religieux.

Deux ans se passèrent dans des alternatives de bien et de mal. De temps à autre, le mieux semblait s'établir, puis tout-à-coup le mal redevenait plus intense, lorsque le 6 juin 1860, veille de la Fête-Dieu, il fut frappé une seconde fois. L'attaque fut si formidable, que le surlendemain les médecins déclarèrent positivement que la mort ne pouvait pas être retardée au-delà de vingt-quatre heures. Cette déclaration n'étonna personne : déjà la nuit précédente on avait récité, à plusieurs reprises, les prières des agonisants. Cependant le malade survécut ; bientôt une fièvre typhoïde l'envahit, puis une grande inflammation d'entrailles le soumit aux humiliations et aux tortures de la sonde, qui ne disparurent que pour faire place à d'autres humiliations et à d'autres incommodités aussi intolérables. A la grande surprise de tous, six ou sept semaines plus tard M. Mermier se releva, mais il était aveugle.

La cécité le privait de la consolation de monter à l'autel. Quelle épreuve ! Rendant compte de sa conscience, quelques années auparavant, il avait pu dire qu'à l'autel les distractions ne l'assaillaient pas, et qu'il avait la coutume d'y goûter de grandes consolations. Il se résigna, et pour se dédommager, on le vit chaque jour s'approcher de la sainte table. Aux yeux de la chair, rien de plus misérable et de plus humiliant que la vie du saint prêtre pendant ces deux dernières années ; aux yeux de la foi, rien n'était plus grand, plus noble ni plus méritoire. Il devait être un grand spectacle pour Dieu et pour les anges : il l'était aussi pour les hommes recueillis qui l'approchaient. Toujours le premier aux exercices spirituels qui se font en commun dans la Congrégation, il continua à se lever à quatre heures du matin, et entendait régulièrement deux messes par jour. Si quelquefois on oubliait de l'avertir à temps, il exhalait sa plainte en termes qui ne laissaient aucun doute sur la peine que lui avait causée la négligence de son moniteur. Le sourire habituellement sur ses lèvres, il présentait à tous un front serein et radieux, et cependant ceux qui recevaient ses confidences peuvent attester que M. Mermier sentait vivement tout ce qu'il y avait de crucifiant dans sa position. Rien n'égalait la reconnaissance qu'il témoignait à ceux qui le visitaient, et quand c'étaient des supérieurs qui venaient à lui, son humilité avait peine à comprendre qu'ils daignassent s'occuper d'un pauvre *qui*, disait-il, *n'était plus bon à rien*.

Cependant le Seigneur, qui ne laisse jamais les siens sans quelques consolations, en ménagea de bien grandes au R. P. Mermier à l'époque où nous sommes arrivés.

En 1856, il avait adressé une supplique au Souverain Pontife pour solliciter l'approbation définitive de sa Congrégation. La réponse s'était longtemps fait attendre. Enfin le 19 mai 1860, ses vœux furent en partie exaucés. La Sacrée Congrégation des évêques et réguliers portait un décret par lequel elle approuvait et érigeait la Société des Missionnaires de Saint-François de Sales en Congrégation de vœux simples, se réservant d'en approuver plus tard les Constitutions. Ce n'était pas tout ce qu'avait demandé le respectable fondateur, mais c'était beaucoup, et la nouvelle de cette faveur devait lui causer une grande consolation. Hélas! quand cette nouvelle arriva, le Révérend Père n'était pas capable de la comprendre : il fallut attendre le retour de son intelligence. Avec quels transports n'accueillit-il pas la communication de la grâce que Rome lui accordait! Joignant les mains et élevant les yeux au ciel, il récita dévotement son *Nunc dimittis*, et répéta plusieurs fois, avec un accent de foi et de reconnaissance difficile à décrire : « Non, « non, vous ne pouviez rien me dire d'aussi agréable et « d'aussi consolant. »

Le second événement qui vint faire une heureuse diversion aux douleurs de M. Mermier, fut l'arrivée de quelques-uns de ses religieux en Angleterre, au diocèse de Clifton. Un jeune capitaine, M. Dewel, converti depuis peu au catholicisme, avait connu les Missionnaires de Saint-François de Sales à Kamptee, l'une des principales stations du vicariat de Vizagapatam. Les nombreux rapports qu'il avait eus avec eux, l'estime et l'admiration qu'avait excitées dans son âme le spectacle quotidien de leur dévouement et de leurs sacrifices, lui fit concevoir le projet de doter son pays natal d'une maison de Missionnaires de Saint-François de Sales. Il fit part de son pieux dessein à Mgr Clifford, évêque de Clifton, dans le diocèse duquel il était né. La proposition est acceptée avec empressement. D'un autre côté, Mgr Neyret, provicaire de Vizagapatam, donne son consentement et demande celui du Supérieur général de sa Congrégation. La bonne Providence permit qu'alors M. Mermier recouvrît presque entièrement l'usage de ses facultés. Aidé de l'avis de son conseil, il donna avec joie son approbation aux désirs du généreux capitaine.

Aujourd'hui la Congrégation des Missionnaires de Saint-François de Sales a dans la Grande-Bretagne trois de ses Pères, trois de ses Frères et deux stations principales, celle de Devise et celle de Chippenham au comté de Wilts. Bientôt les Révérendes sœurs de Saint-Joseph d'Annecy iront les rejoindre, et se faire leurs coopératrices comme elles le sont à Vizagapatam. Déjà Mgr Clifford, avec l'agrément de l'illustrissime et révérendissime évêque d'Annecy, a pris des arrangements avec la Révérende supérieure générale, sœur Louise Flavie. C'est encore le capitaine Dewel, entré depuis bientôt deux ans au noviciat des PP. Jésuites de Londres, qui leur a préparé un pied-à-terre et fourni des revenus pour cette nouvelle fondation. Que Dieu le récompense de sa charité, et donne à ses compatriotes la grâce d'en profiter et de revenir comme lui au giron de l'Eglise !

Le moment suprême approchait pour notre vénéré missionnaire. Le jour de saint Laurent de l'année 1862, Dieu lui envoya une nouvelle croix : il fit une chute qui lui occasionna une double fracture à la jambe droite. Cet accident avança sans doute sa mort. Obligé de garder le lit continuellement, les fonctions digestives devinrent anormales, et la circulation du sang, de plus en plus irrégulière, amena de nouveaux accidents. Dans la nuit du 29 septembre il reçut l'Extrême-Onction, et le 30, sur les neuf heures du matin, il s'endormit dans le baiser du Seigneur.

Dieu, qui exalte ordinairement ceux qu'il a le plus humiliés, permit qu'il reçût de grands honneurs après sa mort. Mgr Magnin, l'Illust. et Rév. évêque d'Annecy, voulut présider lui-même aux obsèques de l'humble missionnaire. Sa Grandeur, après avoir fait la levée du corps, après avoir chanté la messe de la sépulture et l'absoute solennelle, accompagna le corps du saint prêtre à sa dernière demeure. Le vénérable chapitre de la cathédrale, MM. les curés de la ville, un nombreux clergé assistaient Monseigneur dans ses saintes fonctions. Ce qui donne à celui qui a écrit ces lignes la plus grande idée de la vénération que les vertus, le dévouement et les œuvres de M. Mermier avaient inspirée à tous, c'est que tous, en applaudissant aux honneurs que l'Evêque rendait au défunt, ne semblaient point en être étonnés : on aurait dit que Monseigneur n'avait fait que prévenir les désirs et l'attente de chacun. Qui ne comprend néanmoins, s'il veut réfléchir un instant, ce que présente d'extraordinaire et d'exceptionnel la présence d'un évêque officiant à la sépulture d'un simple prêtre et d'un pauvre religieux ? Jamais la Congrégation de Saint-François de Sales n'oubliera ce que son évêque a fait pour honorer son fondateur et son premier Supérieur. Que Sa Grandeur veuille bien agréer l'hommage public de sa vive et profonde reconnaissance.

NOTICE BIOGRAPHIQUE

SUR

MONSEIGNEUR NEYRET

MISSIONNAIRE DE SAINT - FRANÇOIS DE SALES,

ÉVÊQUE D'OLÈNE,

VICAIRE APOSTOLIQUE DE VIZAGAPATAM.

Dieu a des jours pour affliger, comme il en a pour consoler ; à une épreuve succède souvent une autre épreuve : *Afflictio super afflictionem*. La Congrégation des Missionnaires de Saint-François de Sales a fait l'expérience de cette douloureuse vérité d'une manière bien sensible sur la fin de l'année 1862. A peine la nouvelle de la mort du fondateur de la Congrégation arrivait à Vizagapatam, que les Pères de cette mission annonçaient à Annecy la mort de Mgr Neyret, évêque d'Olène, vicaire apostolique de Vizagapatam. Comme nous l'avons dit, le R. P. Mermier passait à une meilleure vie le 30 septembre 1862, et, le 5 novembre de la même année, l'évêque d'Olène terminait sa carrière à Kamptee, une des stations principales de son vicariat. Ainsi les deux colonnes de l'édifice tombaient presque en même temps ; ainsi le deuil des Missionnaires de Saint-François de Sales s'étendait d'Annecy à Vizagapatam, et le flux et reflux de leurs douleurs allaient de l'Europe en Asie et d'Asie en Europe. Puisque Dieu a uni ces deux hommes de bien dans la mort, nous avons pensé qu'il était convenable de faire suivre d'une notice sur Mgr Neyret celle du R. P. Mermier.

Ce fut au commencement de ce siècle que naquit à Gyez, commune du canton de Faverges, Mgr Neyret; il reçut au baptême les noms de Sébastien-Théophile. Jeune enfant, il fut placé par ses parents à Doussard, chez une de ses tantes; il y resta cinq ou six ans. C'est là qu'il fit son cours de latinité sous la direction de M. Bigex, vicaire de la paroisse, et neveu de feu Mgr Bigex, archevêque de Chambéry.

Un respectable ecclésiastique, son compagnon d'âge et son condisciple, lui rend ce témoignage : « Dans son enfance, Mgr Neyret était déjà un modèle de vertus. Il aimait la retraite; on ne le voyait point quitter la maison de sa tante pour se mêler aux autres jeunes gens et prendre part à leurs joyeux ébats. Souvent je lui rendais visite, toujours je le trouvais occupé. Il portait sur lui un petit livre qu'il lisait de temps en temps; poussé par la curiosité et aidé du jeune Bigex, mort chanoine à Chambéry, un jour je lui fis violence pour savoir quel était ce livre mystérieux. Ne pouvant plus se défendre, il nous supplia de ne pas le vexer davantage; nous nous rendîmes à ses désirs : plus tard j'ai pu me convaincre que ce petit livre était un exemplaire des Saints Evangiles traduits en français. — Le vénérable curé de Doussard, frère de Mgr Bigex, avait pour le jeune Sébastien une prédilection bien légitime ; le proposant pour modèle à son neveu et à moi, il nous disait : Vous deux, vous êtes des étourdis; ah ! Sébastien est bien plus sage. —Un jour, nous nous étions confessés tous les trois ; sortant du tribunal, nous eûmes l'occasion de faire une espièglerie : Bigex et moi, nous entrâmes dans le jardin de M. le curé et nous y dérobâmes deux magnifiques pêches; bons enfants néanmoins, nous présentâmes à Sébastien sa part ; mais il nous dit gravement : Ne voulez-vous pas communier demain? — et refusa de participer à notre larcin. — Connaissant mon penchant à amuser la société par quelques contes et des nouvelles forgées dans l'officine de mon imagination, souvent le brave Sébastien me faisait la leçon en me disant : Pourtant, un peu plus de gravité ne vous ferait pas de mal..... Dans une circonstance où je m'en étais donné à cœur joie, il me prit en particulier et me dit : Quand vous irez vous confesser, n'oubliez pas les mensonges. Il ne trouvait pas mes visites à l'autel de Marie assez fréquentes; quelquefois il me demandait combien j'avais récité de chapelets, me rappelant que le vénérable M. Bigex nous avait recommandé de le réciter au moins trois fois la semaine. »

Ses progrès dans les études furent remarquables. Alors le dogme s'enseignait au collége chapuisien; l'on décernait un prix aux dogmaticiens comme aux élèves des autres classes; le jeune Sébastien le mérita, la palme lui fut accordée. Ce qu'il avait été au collége, il le fut au grand-séminaire, et M. le chanoine Lamouille, mort supérieur de cet établissement, disait, longtemps après que l'abbé Neyret eut été promu au sacerdoce, que, parmi les élèves du sanctuaire qu'il avait distingués et admirés, aucun ne l'avait surpassé par la rectitude du jugement et la solidité de l'esprit.

Ordonné en 1825, M. l'abbé Neyret fut envoyé vicaire à Cluses. Il eut bientôt conquis l'estime de tous : il s'y montra constamment un prêtre selon le cœur de Dieu. Sa modestie, son recueillement, sa piété, sa charité ne sont point encore oubliés dans cette ville. Le fond de son être était un mélange de gravité et de douceur qui commandait le respect et attirait à lui tous les cœurs : je ne saurais mieux rendre l'impression qu'il me faisait.

M. Picollet, dit le Petit, avait fondé une maison de Sœurs de Saint-Joseph à Evian; Dieu avait répandu ses bénédictions sur l'œuvre du saint prêtre : sa famille adoptive allait se multipliant, des novices nombreuses se présentaient ; il leur fallait un guide. Les vicaires capitulaires qui administraient le diocèse d'Annecy après la mort de Mgr de Thiollaz, jettèrent les yeux sur le vicaire de Cluses, et au mois de mai 1832, M. Neyret prenait possession de sa nouvelle charge. Si le choix honorait l'élu, il honorait également ceux qui avaient su apprécier son mérite. Hâtons-nous de dire que si la Congrégation des Sœurs de Saint-Joseph d'Annecy continue à édifier le diocèse par sa régularité et son bon esprit, elle le doit principalement à son premier aumônier. Celui-ci comprit que pour former des âmes intérieures, il faut devenir intérieur soi-même ; il comprit que, pour obtenir beaucoup des autres, on doit commencer par triompher de soi-même. Or, il suffisait de voir l'abbé Neyret avec un œil tant soit peu observateur pour reconnaître en lui un vigoureux dompteur de la mauvaise nature. Je me rappelle que, descendant un jour avec moi la rampe du faubourg de La Perrière, et rencontrant M. Neyret, le vénérable curé de Megève me dit : « En voilà un qui tourmente joliment le vieil homme ; je suis sûr que le pauvre Adam est mal à l'aise chez lui : tout son extérieur l'annonce. »

Son zèle ne se renfermait pas dans le cercle de ses fonctions ordinaires, il saisissait avec empressement toutes les occasions de se rendre utile à la gloire de Dieu et à l'avantage du prochain : C'est ainsi qu'Evian lui est redevable des commencements de son hospice.

Cependant le fervent aumônier des Sœurs de Saint-Joseph nourrissait le désir d'une vie plus parfaite ; la vie apostolique avait pour lui des attraits. Déjà il s'était présenté à Mgr Dupuch, évêque d'Alger, pour travailler à la conversion des Arabes. Mais quand la Congrégation des Missionnaires de Saint-François de Sales se fut chargée d'une mission dans les Indes orientales, M. Neyret demanda à être reçu dans son sein. Cette demande ne réjouit pas seu-

lement les missionnaires, elle les honora : l'estime générale
dont jouissait le pieux aumônier des Sœurs de Saint-Joseph
ne devait-elle pas, en effet, rejaillir en partie sur la Congrégation qui avait su mériter ses sympathies? Ce fut donc
à bras ouverts qu'il fut accueilli. Ce qui est un sujet de
joie pour les uns est souvent une cause de tristesse pour
d'autres : la communauté de Saint-Joseph d'Evian ne put
voir sans une grande douleur s'éloigner d'elle celui qui l'a-
vait si bien dirigée pendant près de quatorze ans.

Entré dans la Congrégation sur la fin de 1845, le R.
P. Neyret suivit les missions diocésaines pendant près d'une
année. Dire l'édification qu'il donna pendant tout ce temps,
et les vertus d'humilité, d'abnégation et d'obéissance qu'il
fit paraitre, n'est pas chose facile : il était vraiment comme
une lime entre les mains des directeurs des saints exercices,
plus jeunes et moins habiles que lui. Toujours indifférent
aux emplois dont on le chargeait, il s'acquittait de tous avec
le même empressement et avec le même succès. Aussi combien grand était le contentement de son cœur! en lui se
vérifiait l'oracle : Paix aux hommes de bonne volonté.

Pour correspondre à ses désirs, le supérieur de la Congrégation le destina à la mission de Vizagapatam. Avant de
faire voile pour l'Asie, il visita les tombeaux des saints
Apôtres à Rome. Quelle consolation pour lui de se prosterner devant le vicaire de Jésus-Christ et de baiser les pieds
de Pie IX ! Il obtint du Saint-Père plusieurs faveurs, entre
autres deux corps saints, dont l'un de nom propre, celui de
sainte Pientissime, martyre, exposée maintenant à la vénération des fidèles dans la chapelle de Notre-Dame des Sept-
Douleurs, à La Feuillette. Allant à Rome, il était porteur de
différentes lettres que son Supérieur lui avait remises, soit
pour le Saint-Père, soit pour le Préfet de la Propagande.
L'humble religieux n'en soupçonnait guère le contenu. Ces
lettres le désignaient au Pape et à la Sacrée Congrégation

comme un sujet digne d'être élevé à la dignité épiscopale. L'impression qu'il fit à Rome, jointe aux recommandations de son Supérieur, lui méritèrent le titre de provicaire apostolique de Vizagapatam. Ce fut le 24 avril 1847 que le R. P. Neyret, en la compagnie du P. Dupont, arriva dans son provicariat.

A son arrivée, il n'eut rien de plus pressé que de prendre connaissance des besoins de la mission qui venait de lui être confiée. Il manquait cependant quelque chose à ce nouvel apôtre: c'était la consécration épiscopale. Rome qui l'avait vu de près, et qui recevait les renseignements les plus avantageux sur la manière dont le nouveau provicaire remplissait les devoirs de sa charge, ne tarda pas à l'honorer de l'épiscopat. Vizagapatam devint un vicariat, et le R. P. Neyret reçut le titre d'évêque d'Olène *in partibus*. Il redoutait tellement les dignités, qu'à cette nouvelle il fut anéanti au point de tomber gravement malade. Sa maladie fut assez longue, et pendant sa durée, personne, hormis son confesseur, n'eut connaissance de sa nomination. Il espérait encore éluder cet honneur et éloigner cette charge, qu'il croyait au-dessus de ses forces. Cependant il fallut se soumettre, et le 24 février 1849, fête de saint Mathias, il reçut la plénitude du sacerdoce des mains de Mgr Fennelly, évêque de Castorie, vicaire apostolique de Madras. Dans la cérémonie de son sacre, il eut soin d'éviter ce qui pouvait ressentir le faste; mais le Saint-Esprit le dédommagea par l'abondance des grâces qu'il répandit en son âme, qui grandit visiblement en courage, en zèle, en lumière et en piété. Ce digne prélat regardait sa consécration épiscopale comme un second baptême; chaque année, il en célébrait l'anniversaire après s'y être préparé par trois jours de retraite.

Quand Monseigneur prit possession de son vicariat, tout était à créer ; il n'existait que quelques chapelles assez misérables. Par les soins de Sa Grandeur, depuis 1849 jus-

qu'au commencement de 1862, on vit bientôt s'élever sept
églises et quinze chapelles, presque autant de maisons atte-
nantes pour le logement du missionnaire, trois couvents
pour les Sœurs de Saint-Joseph, leurs élèves et leurs pen-
sionnaires, puis une vaste maison de communauté à Vizagapatam. Sans parler de la cathédrale, d'une solidité re-
marquable et d'un très-beau style, trois autres églises de
forme ogivale se feraient remarquer même dans notre pays,
comme nous l'écrivait Monseigneur. Ordinairement c'était
l'évêque qui traçait les plans, souvent il en surveillait l'exécution, quelquefois même il se faisait ouvrier pour montrer
aux indigènes de quelle manière ils devaient s'y prendre.

Les trois pensionnats dont je parlais tout-à-l'heure sont l'un
à Yanaon ou Yanam, seule localité qui appartienne à la France
dans notre vicariat, l'autre à Vizagapatam, ville épiscopale,
et le troisième à Kamptee, au nord de la mission. Si ces
établissements présentèrent de grandes difficultés sous le
rapport matériel et financier, les obstacles qu'offrait le côté
moral étaient bien plus grands encore. Il faut connaître et
les coutumes indiennes qui sont si compliquées, et les usages
de chaque caste, et la rigueur avec laquelle chacun doit les
suivre, pour se faire une idée des embarras que l'on rencontre pour abriter sous un même toit des enfants d'ha-
bitudes si différentes et établir l'harmonie entre elles. Françaises, Irlandaises, Anglaises, Créoles, Mulâtres, Indiennes
de différentes castes, toutes arrivent avec leurs exigences
et leurs prétentions ; impossible aux institutrices de n'y pas
faire droit, ce serait tout ruiner. Admirable Providence, qui
donna à Monseigneur, pour une œuvre si difficile, un aide
si habile et si dévoué dans la personne de la Mère Saint-
Jean, qui le précéda dans la tombe d'une année seulement !
De ces écoles et de ces pensionnats sont déjà sorties plusieurs jeunes vierges qui se sont consacrées au Seigneur
par la profession religieuse.

Après avoir inauguré avec tant de labeur, mais aussi avec tant de succès, les écoles en faveur des enfants du sexe, le saint évêque n'eut garde d'oublier les jeunes garçons. Dans les principaux centre de la mission, comme à Vizagapatam et à Kamptee, on reçoit les enfants pauvres des autres stations, et on fournit à la fois à leur entretien et à leur instruction. Ce sont des espèces d'orphelinats qui donnent d'excellents résultats. Grâce à nos écoles, beaucoup de jeunes gens ont des positions honorables dans la société, car dans les Indes il est facile à celui qui a reçu quelque éducation de s'élever au-dessus de la foule, surtout si sa conduite est bonne, et s'il sait se garder de l'ivrognerie, vice si commun dans ce pays.

Nos écoles, toujours en présence de celles du gouvernement anglais richement rétribuées, et où l'on fournit gratuitement ce qui est nécessaire aux familles peu aisées, ne pouvaient, surtout dans les commencements, soutenir la concurrence que très-difficilement, et plus d'une fois les employés supérieurs exerçaient une vraie pression sur les enfants et leurs parents pour les empêcher de venir à nous. La lutte est devenue nécessaire ; Mgr Neyret a su néanmoins éviter des conflits sérieux avec les autorités constituées, et la victoire s'est déclarée pour le bon droit. Les protestants ont examiné de plus près nos écoles et ont fini par leur rendre hommage. Il y a environ trois ans, un Collecteur, après avoir assisté à l'examen public des élèves d'une des écoles tenues par les Missionnaires, avoua franchement et solennellement que cette école, dont on avait dit tant de mal, était la meilleure de toutes. Il prit de là occasion de gourmander fortement le principal instituteur protestant, et le menaça de le destituer s'il ne soignait pas mieux les enfants qui lui étaient confiés.

Dans une autre localité, un colonel visita avec une attention sérieuse notre école de garçons et notre école de filles ;

il fut si satisfait qu'il demanda la permission d'envoyer un des maîtres d'école du gouvernement prendre des leçons de méthode d'un de nos Frères Missionnaires, ce qui lui fut aussitôt accordé, à son grand contentement et à sa grande surprise. Interrogé alors par nos Pères sur les motifs qui le portaient à empêcher les enfants du régiment de fréquenter notre école, il répondit naïvement qu'il craignait que les leurs ne fussent par là même abandonnées. Pouvait-il nous adresser un plus bel éloge ?

Parmi les jeunes gens élevés par les Missionnaires, quelques-uns déjà sont entrés dans la Congrégation et y ont fait profession en qualité de Frères. Nous n'avons encore point de prêtres indigènes ; cette lacune tient à des causes qu'il serait trop long d'expliquer ici. Qu'il nous suffise de dire que le dernier visiteur apostolique qui a parcouru, l'an passé, notre vicariat, a jugé qu'il était sage de retarder pour le moment la promotion des indigènes à la dignité du sacerdoce.

Malgré les succès obtenus dans leurs écoles, les Missionnaires de Vizagapatam avouent sans peine qu'elles présentent bien des imperfections ; ils désirent ardemment les Frères de la Doctrine chrétienne. Que Dieu écoute leurs vœux et leur fournisse les moyens de se procurer ces bons religieux !

Mgr Neyret ne se contenta pas d'avoir procuré à ses chers enfants de l'Inde des écoles bien tenues, des maîtres et des maîtresses bien exercés ; à l'exemple de notre Seigneur, il voulait que les enfants vinssent à lui, il allait lui-même souvent à eux. La dernière année de sa vie, voyant que les élèves de Vizagapatam devenaient malades faute de mouvement, il établit des exercices gymnastiques, et, pour les déterminer à s'y livrer, il ne dédaigna pas d'y prendre part en se mêlant à eux. Ainsi le bon pasteur se faisait *tout à tous*, à l'exemple de saint François de Sales, patron de sa Congrégation.

Il avait un soin tout spécial des confréries; il prêchait souvent pour exhorter les fidèles à y entrer et à vivre selon l'esprit de ces pieuses institutions. Il examinait avec soin les progrès de chacune, et quand une confrérie n'avait pas porté assez de fruits, il s'assurait si l'on n'en avait point omis les pratiques et si l'on n'avait point oublié de la recommander assez. Indiquant ensuite à ses missionnaires les moyens qu'ils avaient à prendre pour la faire fleurir, il signalait lui-même avec zèle les précieux avantages qui y sont attachés. Celles qu'il affectionnait le plus étaient la confrérie du Sacré-Cœur de Jésus, du Cœur-Immaculé de Marie, du saint Scapulaire, etc., sans parler des œuvres de la Propagation de la foi et de la Sainte-Enfance, qu'il avait établies de bonne heure dans son vicariat.

Les malades étaient l'objet de ses attentions les plus délicates; en leur faveur, il se faisait vraiment sœur de charité; Sa Grandeur leur administrait les remèdes qu'il croyait pouvoir les soulager davantage, leur portait des bouillons, leur offrait des calmants; il n'y avait sorte d'industrie qu'il n'employât pour leur rendre la santé. Que de fois il commit de graves imprudences, parcourant de grandes distances et bravant des chaleurs excessives pour visiter ceux qui souffraient! Une fois, entre autres, il vint de Vizagapatam à Yanaon pendant le mois de mai, le plus chaud des mois dans ces contrées, et, cette année, la température était si élevée que plusieurs indigènes furent frappés de mort subite sur le chemin qu'il parcourait. A son arrivée, il trouva sans doute des cœurs reconnaissants, mais il les trouva justement alarmés à la pensée des dangers qu'il avait courus. Si un de ses missionnaires tombait malade, Sa Grandeur ne trouvait de repos que dans sa grande résignation à la volonté de Dieu. On l'a vu encourager des personnes dont la vie lui était précieuse et bien chère, à s'offrir à Dieu comme victimes, et à se dévouer à la mort pour sauver un de ses prêtres menacé d'une mort prochaine, parce que, disait-il, « dans ce pays rien n'est comparable à la valeur d'un missionnaire. »

Dans ses excursions apostoliques, presque continuelles, puisqu'il visita plusieurs fois toutes ses chrétientés disséminées çà et là sur une surface à peu près égale en étendue à celle de la France, Mgr Neyret pratiqua toujours l'économie et la simplicité, préférant observer la pauvreté évangélique, et épargner pour les besoins de sa mission et le soulagement des pauvres ce qu'il aurait pu légitimement dépenser, soit pour adoucir les fatigues des voyages à travers des routes souvent impraticables, soit pour entourer sa personne de la considération due à sa dignité.

Cette simplicité, cet extérieur pauvre et mortifié n'empêchèrent point les populations de le respecter et de l'aimer. Ce n'étaient point seulement ses ouailles qui l'avaient en vénération : s'il lui arrivait de sortir des limites de son vicariat, ceux qui le voyaient l'avaient en singulière estime. Ainsi, lorsque après son sacre il alla faire visite à Mgr Bonnand, évêque de Drusipare, vicaire apostolique de Pondichéry, son humilité fit une telle impression sur la population de cette ville, que longtemps après on disait encore de lui : Oh! quel bon évêque! comme il est simple! quel saint homme!

Le lecteur apprendra avec plaisir que Mgr Bonnand, de sainte mémoire, était une des conquêtes de Mgr Rey. C'est lui qui, dans une de ses retraites prêchées en France, alluma le feu du zèle apostolique dans son cœur, et le porta à se consacrer à l'œuvre ardue des Missions étrangères. La reconnaissance et la vénération que le vicaire apostolique de Pondichéry conserva toute sa vie pour l'éloquent apôtre des prêtres, furent très-utiles à nos premiers Pères arrivés dans les Indes. Car ayant débarqué à Pondichéry, ils furent reçus à bras ouverts par l'évêque de Drusipare, aussitôt que celui-ci eut appris que Mgr Rey, de concert avec le R. P. Mermier, avait fondé notre Congrégation. Non seulement il les accueillit avec tendresse, mais il les garda longtemps chez lui, et ne cessa jusqu'à sa mort, qui eut lieu il n'y a que deux ans, de leur rendre tous les services qui étaient en son pouvoir. Ce n'était donc pas seulement une visite de bienséance que lui avait faite Mgr Neyret; la gratitude en avait été le principal motif.

Notre vicaire apostolique était heureux quand il pouvait s'effacer. Dans une circonstance assez récente, étant en la compagnie d'un évêque étranger, recommandable sous tous les rapports, il s'appliqua à lui donner le poste d'honneur en tout et partout. Les Irlandais et les autres chrétiens disaient : « Cet évêque est un bel homme, son port est majes-« tueux, il parle magnifiquement; mais en voyant le nôtre, « si humble et si pieux, nous ne pouvons nous empêcher « de le préférer, et de dire que c'est un saint. »

Ce n'était pas que notre évêque fût embarrassé de sa dignité : il savait très-bien, quand il le fallait, porter le poids des honneurs dûs à son rang. Ainsi quand les autorités françaises et toute la population d'Yanaon voulurent le recevoir avec un cérémonial de grand apparat, le vicaire apostolique de Vizagapatam charma tout son monde par un air de grandeur que tempéraient néanmoins la bonté et la simplicité apostolique. L'à-propos de ses réponses aux compliments qu'on lui adressait, et la facilité de sa parole, firent une très-heureuse impression. Ce qui n'empêcha pas que là, comme ailleurs, on l'appelât « le bon, le saint évêque de « Vizagapatam. » Oui, il était bon, et jusque dans ses voyages, où il faisait plusieurs heures à pied pour laisser reposer et dormir ses domestiques dans sa pauvre charrette.

Mais abrégeons ces détails pour arriver au voyage qui, selon toutes les probabilités, coûta la vie à notre prélat.

Ce fut le 24 août que Sa Grandeur prit congé des Pères

de Vizagapatam pour se diriger sur Kamptee, accompagné de la nouvelle Supérieure générale des sœurs de Saint-Joseph du vicariat, Mère Joséphine, anciennement de la maison de Saint-Jean de Maurienne. Sœur Eulalie, qui revenait à la maison d'Yanaon, était avec eux, ainsi que quelques domestiques. Le trajet de Vizagapatam à Yanaon ne fut pas très-heureux. Les pluies avaient défoncé les routes en plusieurs endroits. De Yanaon à Kamptee, on devait suivre le cours du Godavery. Le séjour à Yanaon fut beaucoup plus court qu'on avait pensé, car le R. P. Bozon, ayant appris de l'agent principal de la Compagnie des steamers que l'eau du fleuve diminuait dans le haut, et qu'après une ou deux traversées, le voyage deviendrait difficile, il était de la prudence de se hâter. Le 9 septembre Monseigneur s'éloignait de Yanaon avec la Supérieure générale, sœur Anne-Marie, nouvellement arrivée d'Europe, et une jeune demoiselle du pays, nommée Lacombe, qui allait à Kamptee faire son noviciat. Le Père Debornes écrit que le départ de l'évêque le laissa, lui et les sœurs de sa localité, dans une inquiétude indéfinissable. A Coconada, résidence du P. Bozon, on obtint un jour de sursis pour faire de plus amples provisions. Le cher P. Bozon se joignit à l'intéressante caravane pour en faire partie jusqu'à Sironcha, où il avait à visiter les chrétiens de cette station militaire. Le 10 au soir, on prit le *transit-boat* (bateau qui fait un service régulier) pour se rendre à Dowlaishwaram, d'où l'on partit le 11 pour Rajahmundry, qui n'est qu'à quatre milles de là. Il fallut y séjourner un jour, après quoi l'on s'embarqua sur un steamer qui portait la caisse du gouvernement, afin de payer les soldats échelonnés le long du fleuve. La traversée fut heureuse pendant une douzaine de jours. On s'arrêta dans un grand village pour renouveler les provisions, et le steamer se remit en marche ; mais il traînait à la remorque un grand bateau chargé de sel, qui, touchant souvent le sable, ralentit tellement ses mouvements, que le vapeur mit trois jours pour faire un trajet de seize milles. Arrivé à ce point, le vapeur renouvela sa provision de bois, et Monseigneur envoya à terre Alix, son domestique, pour acheter des comestibles ; celui-ci ne put trouver qu'un peu de lait. Le lendemain on recommença la navigation, qui fut si lente qu'il fallut deux jours pour faire huit milles. Le malencontreux bateau de sel touchait à chaque instant le fond, et finit par échouer entièrement. Les provisions de bois étaient complètement épuisées, sans qu'on en put trouver dans la localité où l'on était ; le capitaine fut donc obligé de commander de retourner en arrière jusqu'à un village que l'on avait quitté cinq jours auparavant. Sa Grandeur, qui se trouvait à court de provisions, fit descendre son fidèle Alix pour en acheter. Malgré toute la diligence de celui-ci, qui fit à pied plus de seize milles en huit heures, il ne retrouva plus à son retour le steamer, qui voguait déjà vers Chandah. Le R. P. Bozon avait eu beau insister auprès du capitaine pour qu'il attendît, ses prières avaient été inutiles ; il avait fallu aller en avant presque sans provisions. Pendant trois jours, nos chers voyageurs n'eurent à manger qu'un peu de riz, et le quatrième, ils durent à l'obligeance d'un passager leur pain quotidien. Alix put cependant retrouver son maître à un village nommé Deodoolah, où l'on s'était arrêté. A Deodoolah, Sa Grandeur loua des *bandis* (voitures du pays), et alla par terre jusqu'à un village nommé Maddapore. Le temps était mauvais, la route détestable ; la pluie tombait par torrents, les bœufs pouvaient à peine tirer les charrettes à travers la boue ; tout était mouillé, les personnes et les effets. Ignorant s'il faudrait séjourner longtemps à Maddapore, Sa Grandeur dépêcha le R. P. Bozon à Sironcha pour informer le *commissionner* de cette place de ce que la caravane avait à souffrir ; car l'administration des steamers manquait d'une manière indigne à ses engagements. L'éloignement du P. Bozon fut un contre-temps, car à peine était-il parti qu'un steamer arriva. Il était commandé par un *shirang* (capitaine natif), homme brutal, qui ne laissa pas même à Monseigneur le temps d'embarquer tous ses bagages. La moitié de ses caisses n'était pas encore sur le navire qu'il chauffe le vapeur et part. Si le P. Bozon eût été là, habitué comme il l'est à traiter avec les natifs et sachant parfaitement la langue de ce capitaine, il eut probablement fait composer ce sauvage shirang. Alix dut donc de nouveau rester en arrière et louer des charrettes pour transporter les effets qui n'avaient pu être embarqués jusqu'à Sironcha, où devait l'attendre Monseigneur et où le P. Bozon venait d'arriver.

Sa Grandeur fut parfaitement accueillie par le *commissionner* de cette station, qui avait été informé du passage de notre précieuse caravane par le *résident* ou vice-gouverneur de Nagpore. Cet avis était accompagné de l'ordre de bien traiter les voyageurs et de leur prêter assistance en cas de besoin. Le *commissionner* de Chandah reçut le même avis et les mêmes ordres. En cette circonstance, l'attitude courtoise et bienveillante des autorités anglaises fit un contraste frappant avec les brusqueries et les injustices des capitaines de steamer. Les chrétiens de Sironcha venaient de construire une petite chapelle. Monseigneur la bénit et la consacra à la Vierge immaculée. Le P. Bozon entendit les confessions des bons fidèles, qui tous furent très-heureux de communier de la main de leur évêque, lequel, de son côté, fut très-satisfait de leur piété et de la réception qu'ils lui firent.

Ce repos et ce séjour à Sironcha furent comme une clairière au milieu d'une sombre forêt. Nos chers voyageurs respirèrent un moment à l'aise, et trouvèrent de vraies consolations et de nouvelles forces pour rentrer bientôt dans la voie des épreuves et des souffrances.

Les voilà de nouveau entre les mains du capitaine natif qui les avait traités d'une manière si brutale. Après trois jours de navigation, on atteignit un village appelé Mogelee, où l'on dut de nouveau louer des *bandis*. Pour encourager son monde et soulager ceux qu'il croyait plus fatigués que lui, le charitable prélat fit à pied seize milles, sans monter un instant sur une des charrettes. Le chemin était mauvais, et avant d'arriver à Ballanpoor, les vivres manquèrent pendant un jour entier. Là on trouva les *bandis* que nos Pères avaient envoyés de Kamptee plusieurs semaines auparavant. A Chandah, Monseigneur et toute sa suite furent très-bien reçus par M. Crishton, *commissionner* de cette place importante. On mit huit jours pour franchir la distance qui sépare Chandah de Seetabuldee. Le premier jour, Mère Joséphine se sentit indisposée ; le deuxième, un des domestiques fut attaqué de la fièvre ; le troisième, ce fut le tour de Mlle Lacombe ; le quatrième, Mère Joséphine eut un fort accès de fièvre ; le cinquième, sœur Anne-Marie fut prise du même mal et Monseigneur se sentit sans appétit ; le sixième, Alix fut envahi par la maladie ; le septième, Sa Grandeur eut un furieux accès de fièvre, et le huitième on arriva enfin à Seetabuldee, où nos voyageurs furent très-bien reçus par le vice-gouverneur.

Mère Joséphine s'affaiblissait de plus en plus ; ce que voyant, Monseigneur jugea à propos de l'envoyer en avant aussi vite que possible. Il la fit porter par des gens du pays sur une espèce de lit, et le P. Balmand, venu de Kamptee à la rencontre de la caravane si éprouvée, l'accompagna. Ils arrivèrent à Kamptee le 30 octobre. Monseigneur et sa suite les suivirent de près ; le 1er novembre au matin tous furent réunis à Kamptee, mais aussi tous, sans exception, étaient atteints de la fièvre, et les deux maisons, celle des Pères et celle des Sœurs, se convertirent en hôpitaux. Ainsi se termina un voyage qui ne fut qu'une suite de contradictions et de souffrances : la chaleur, la pluie, la difficulté des chemins, la faim, la soif, les maladies, et, ce qui est pire encore, la brutalité de plusieurs des hommes entre les mains desquels ils se trouvèrent, en un mot, tous les genres de privations et de peines parurent se réunir pour exercer la patience et la résignation des voyageurs. Dieu, selon la remarque qu'en fit le Père qui accompagna l'évêque d'Olène jusqu'à Sironcha, Dieu sembla se plaire à mettre la dernière main à la perfection de son serviteur.

Monseigneur aurait bien désiré célébrer les saints mystères en arrivant à Kamptee, mais il en était incapable. Il voulut néanmoins assister à la messe; il fut obligé de sortir plusieurs fois de l'église pendant le saint sacrifice, à raison du malaise qu'il éprouvait. La joie et la douleur partageaient le cœur des fidèles; s'ils se réjouissaient grandement de voir leur bon pasteur, ils ne s'attristaient pas moins en le voyant si fatigué et si souffrant. A la fin de l'office, Sa Grandeur fit annoncer une messe pontificale pour le dimanche suivant; mais ce jour-là il ne devait plus y avoir de pontife à Kamptee.

En sortant de l'église, le prélat se mit au lit, y demeura deux jours sans paraître avoir d'autre mal qu'une très-grande faiblesse. S'étant levé le troisième, il fit l'après-midi une promenade en voiture avec le R. P. Bénistrand. Tous les deux se rendirent ensuite au couvent des Sœurs; Monseigneur y entendit la confession de Mère Joséphine, alors dangereusement malade; il vit toute la communauté, donna son anneau à baiser aux sœurs et aux novices, et leur adressa ces paroles : « J'ai cru vous apporter la joie (l'évêque était venu pour recevoir des professions et donner l'habit à quelques novices), et je ne vous apporte que la tristesse; mais consolez-vous, votre tristesse se changera en joie. Abandonnons-nous entre les mains de la bonne Providence; Dieu est un Père tendre et tout-puissant, il ne peut vouloir notre mal ; tout ce qu'il fait est pour le bien de ses enfants. Oh! pour un peu de souffrance, nous aurons une éternité de délices. » Et puis, élevant les yeux vers le ciel, il s'écria : « O éternité! éternité! éternité!» Sa voix se perdit dans ses soupirs. Epuisé de fatigue et soutenu par le P. Bénistrand, il remonta en voiture, rentra chez les Pères et se mit au lit pour ne plus se relever.

Le quatrième jour, le docteur lui fit prendre un peu de laudanum pour le disposer à dormir; mais, après l'avoir pris, Monseigneur se trouva plus mal. Le Fr. Charles lui ayant présenté un potage, à peine se fut-il mis sur son séant pour le prendre, que tout son corps fut saisi d'un tel tremblement, que le bon Frère crut que Monseigneur entrait en convulsion. Vers les sept heures et demie du soir, le P. Bénistrand jugea qu'il ne fallait plus différer d'administrer les derniers sacrements. Monseigneur, répondant lui-même à toutes les prières, reçut le saint Viatique et l'Extrême-Onction dans les sentiments de la foi la plus vive et de la plus tendre piété. Le médecin lui fit aspirer quelque eau de senteur, sans obtenir aucun effet. On essaya d'appliquer au vénérable malade un vésicatoire qui fut sans résultat.

Le lendemain, 5 novembre, une messe fut célébrée pour obtenir la guérison du prélat bien-aimé; toute la communauté y assista, sauf le Fr. Charles, qui resta auprès de Sa Grandeur. La messe se terminait quand un enfant vint à la hâte appeler un des Pères; à sa suite, tout le monde s'empressa de se rendre auprès du malade. Hélas! il était en agonie. Les Pères récitèrent les prières des mourants, et un quart d'heure après, à sept heures et demie, Sa Grandeur, sans secousse aucune et sans prononcer une parole, rendait sa belle âme à Dieu.

Qui dira la douleur de ceux qui assistaient à la mort d'un si bon père? Les larmes coulaient par torrents, les soupirs et les sanglots s'échappaient de toutes les poitrines. Le corps revêtu des ornements pontificaux, la mitre et la crosse placées à ses côtés, resta exposé dans sa chambre jusqu'au soir. Alors on le porta processionnellement à l'église, où les fidèles se succédèrent pendant toute la nuit. Ils baisaient à l'envi ces mains qui les avaient bénis tant de fois. Plusieurs avaient la dévotion d'appliquer à sa dépouille mortelle leurs chapelets, leurs livres de prières, leurs médailles, et d'autres s'estimaient heureux de pouvoir emporter quelques-uns de ses cheveux.

Le lendemain, après le service solennel, le corps fut enseveli dans l'église, au milieu du sanctuaire, en face du grand autel. Toute la population était là ; non seulement les catholiques étaient accourus, mais un grand nombre de protestants se firent un devoir d'assister aux obsèques du vénéré prélat, pour honorer sa mémoire et rendre un hommage public à ses rares vertus et à son noble caractère.

Impossible d'exprimer la douleur que cette mort si prompte et si imprévue causa aux Pères, aux Sœurs et à tous les chrétiens du vicariat. On écrivait, on envoyait des télégrammes, on voulait se faire illusion, on ne pouvait croire à la vérité d'une si lamentable nouvelle. Chaque missionnaire s'écriait, comme les Hébreux à la mort de Judas : « Notre couronne est tombée de notre tête : *Cæcidit corona capitis nostri.* » A Yanaon, notre station française, où Monseigneur était si connu et si aimé, l'assistance au service funèbre que l'on célébra pour lui était plus nombreuse qu'aux jours des fêtes les plus solennelles, puisque aux catholiques se réunirent les protestants et plusieurs païens qui avaient travaillé sous les ordres et la direction de l'évêque aux différentes constructions qu'il avait fait élever dans cette localité ; ils avaient voulu prendre leur part au deuil public. Ce que l'on remarqua à Yanaon se reproduisit sur tous les points de la mission.

Quand la funeste nouvelle eut dépassé les frontières du vicariat, elle excita partout les mêmes regrets dans le cœur de ceux qui avaient connu le digne prélat. C'est ainsi qu'un Frère de la Doctrine Chrétienne écrivait de Rangaon en Birmanie : « J'ai eu occasion de parler avec des soldats natifs qui avaient connu Mgr Neyret. Ils ne tarissaient pas sur ses éloges, me racontaient mille choses édifiantes de lui, et ne purent s'empêcher de répandre des larmes abondantes quand ils apprirent sa mort. »

Avons-nous besoin d'ajouter que la mort de l'évêque d'Olène excita des regrets universels dans notre diocèse d'Annecy? Ne sait-on pas que, dans un grand nombre de paroisses, MM. les curés se sont empressés de célébrer des messes solennelles pour le repos de son âme, comme ils l'avaient déjà fait pour notre vénéré fondateur? Notre Illustrissime et Révérendissime Evêque et son vénérable Chapitre les avaient devancé. Un service solennel eut lieu à la cathédrale, auquel assistèrent M. le Supérieur et MM. les Directeurs du grand-séminaire avec tous leurs élèves; Sa Grandeur Mgr Magnin voulut être lui-même le célébrant. Ce ne fut pas une petite consolation pour les Missionnaires de Saint-François de Sales, au milieu de leurs épreuves, que cette manifestation spontanée de la part que l'on prenait à leur douleur et à la perte immense qu'ils venaient de faire. Qu'on nous permette donc de déposer en toute humilité aux pieds de Monseigneur, de son vénérable Chapitre, du clergé et des fidèles qui nous ont donné ces marques de sympathie religieuse, l'expression de notre profonde reconnaissance.

Lorsque la mort de Mgr Neyret fut connue à Rome, pour que la mission ne fut pas en souffrance, Son Eminence le cardinal Barnabo, préfet de la Sacrée Congrégation de la Propagande, s'empressa de nommer le R. P. Tissot provicaire, et, entre autres pouvoirs, il lui conféra celui d'administrer le sacrement de la Confirmation. Mgr Neyret aura-t-il bientôt un successeur? nous l'espérons : les lettres du préfet de la Propagande nous autorisent à le croire, et ce que nous pouvons assurer, c'est que, si la nomination d'un nouvel évêque éprouve quelque retard, ce retard tient à des causes étrangères à la mission de Vizagapatam et à la Congrégation des Missionnaires de Saint-François de Sales. Que le lecteur unisse ses prières aux nôtres pour obtenir un prélat digne de celui que nous avons perdu!